Altijd werk & altijd geld op zak,
iedere dag

Altijd werk & altijd geld op zak, iedere dag

Jasmin Hajro

Jasmin Hajro

ISBN-13: 978-1721577637

ISBN-10: 1721577637

Omslagontwerp door

Jasmin Hajro

Eerste druk 2018

In dit boek ontdek je :

De bio van auteur Jasmin Hajro

&

boek Altijd werk & altijd geld op zak,
iedere dag

&

boek Het Recept voor Geluk

&

Een previeuw van boek Bouw Jouw Fortuin

&

Een kleine kennismaking met oprichting Hajro

&
boek Bouw jouw Fortuin

De bio van auteur Jasmin Hajro, even kennis maken

Hallo beste lezer,

hoe gaat het ?

Bedankt voor kopen van boek Victorie.

Mijn naam is Jasmin Hajro, ik ben geboren op 6 juli 1985 in
Bosnie.
Als vluchtelingen kwamen we naar Nederland, 21 jaar geleden.
Na school te hebben doorlopen & verscheidene banen...

Heb ik op 17 december 2012, mijn eerste onderneming opgericht:
beleggingsbedrijf Jasko.
Na een succesvol eerste jaar, heb ik helaas de onderneming
moeten sluiten.
Na een korte periode van rust, ww en tijdelijk werk. Begon ik
weer als ondernemer.

Op 1 september 2015, heb ik onderneming Hajro opgericht.

Sinds het begin is de kernactiviteit, het verkopen van setjes
wenskaarten, deur tot deur.
Tegenwoordig is het assortiment uitgebreid.

Met o.a. de verkoop van mijn 8 boeken :

boek Bouw jouw fortuin.

boek Moneymaker,

boek Recept voor Geluk,

boek De Reddingsboei voor banken"loyaal bankieren"

boek De Ultieme Winnende Strategie voor ondernemers,

boek Gedichten, grapjes en boek,

boek Victorie,

boek Victorie II

De royalties van mijn boeken worden gedoneerd
aan het Goede Doel : stichting Giveth Life.

Mijn onderneming is tegenwoordig Hajro Groep,

en bestaat uit 20 verschillende dochterondernemingen,

die onderdeel zijn van 1 overkoepelende organisatie.

Voor meer informatie over mijn onderneming &
de stichting, ga naar www.hajrobv.nl

Hoi beste lezer,
hoe gaat het ?

Ik ben Jasmin Hajro,
en je hebt zonet in mijn bio een aantal dingen
kunnen lezen over mij.

Ik ben nou 32 jaar en woon in Doetinchem,
in Nederland. Ik werk als verkoper
namens oprichting Hajro.

Ik verkoop sets wenskaarten,
cadeaumokken en boekjes.
Een deel van de opbrengst gaat naar 40 Goede Doelen toe.
Je kunt er alles over vinden op
www.hajrobv.nl

Maar dat is wel eens anders geweest......
Heel anders.....

Het was 2015 's avonds rond een uur of 10.

Ik liep buiten,

zonder geld,

met mijn telefoon waar geen beltegoed op stond.

Het begon te regenen,

dat kon ik er nog wel bij gebruiken....

Ik wist niet waar ik naar toe moest....

Ik kon niemand bellen.

Ik had wel een aantal vrienden gehad,

maar daar had ik nauwelijks contact mee.

Ik ging naar het speeltuintje in

onze wijk....

De vorige keer ben ik daar ook heen gegaan.

De vorige keer,

toen ik ook 's nachts op straat stond.

Het was this niet uit te houden voor mijn moeder,

ze wou de huissleutel hebben.

Ik gaf haar de sleutel en ging weg...

Het is niet haar huis, maar zij betaalt de huur.

Daar stond ik dan,

dakloos,

op straat,

in de regen............

Het begon kouder te worden.

In dat speeltuintje heb ik geschuild
in zo'n soort houten huisje

Ik was boos,

toen ik afgekoeld was,

begon ik helderder na te denken.

En me af te vragen waar ik heen moest

en wat ik moest doen ?

Toen het licht begon te worden
liep ik naar het centrum van de stad.

Alles was nog dicht, te vroeg.
De kerk zat ook dicht.

Ik had gehoord van zo'n opvang
waar een vriend van mij het over had gehad.
Hij is verhuist naar England.

Dus liep ik naar de Iris opvang toe.

Ik kon mijn verhaal doen,
en kreeg een kopje koffie met melk erin
(ik drink nooit melk in mijn koffie)

En ze hadden Geen plaats voor mij !

Dus de mensen die je horen te helpen,
kunnen je niet helpen.

Fuck de hulp.

Ik kon naar de dagopvang toe,
maar dat was alleen overdag.
's Nachts kon ik buiten slapen.

Onderweg naar de dagopvang,
dacht ik :
Ik moet naar Arnhem, naar Appco toe.

Om te gaan verkopen,
als energieadviseur
heb je altijd werk.

Bij de dagopvang
kon ik betalen voor een maaltijd.
Maar ik had helemaal geen geld.
Ik kon op de pof wel een maaltijd krijgen.

Ik moest me inschrijven bij de gemeente
voor een bijstand uitkering.

Even naar buiten om te roken,
eventjes gepraat met een paar daklozen,
die daar ook waren.

Weer naar binnen.
Er was telefoon voor me,
mijn zusje en haar toenmalige vriend belden.

Ze kwamen me ophalen.....

Eenmaal thuis gingen we eten,

ik had honger als een beer.

Ik was zo pissig

dat ik mijn moeder niet kon aankijken.

Ik keek naar de tafel.

Omdat ik zo boos was,

tegen haat aan....

Zo nijdig.

De vraag of ik iets had geleerd ?

Eventjes gepraat,

sorry gezegd.

En ik ging naar bed,

uitgeput.

Ik had de hele nacht niet geslapen.

Die nacht was er niemand,
ze stonden niet in de rij voor me
om me te helpen.

Zelfs de mensen die me hoorden te helpen,
wiens werk het is.
Konden niks voor me doen.

Nou,
de volgende keer dat iemand tegen je zegt
dat geld niet zo belangrijk is.

Dan praat ie uit z'n reet
en niet uit z'n verstand.
En dat moet je hem of haar ook
duidelijk maken.

Als je geen geld hebt kun je geen eten en drinken kopen.
Heb je 3 maanden geen geld om je huur te betalen,
dan sta je op straat en
ben je dakloos.
Heb je 2 maanden geen geld om eten en drinken
te kopen, dan ga je dood.

Ik zag in dat het huis waar we in woonden niet van mij is.

En de tuin ook niet.

Ik had bijna niks.

Behalve wat kleding,

300 boeken

en wat dingetjes.

Ik kreeg er een hekel aan om klusjes te doen

in de tuin.

Want het is niet mijn tuin.

Ook, eerst zet ik je op straat

en daarna mag je klusjes voor me gaan doen.

Je bent niet goed wijs, dacht ik.

Maar omdat ik geen geld in het huis bracht,

of mee betaalde in de vaste lasten,

kon ik door mee te helpen

enige inbreng laten zien.

Was de redenering.

Daarvoor,
voor die nacht op straat.

Was ik toen ik geen werk kon vinden,
behalve productiewerk (dat ik toch nooit lang volhield)
Een eigen bedrijf begonnen.

Jasko genaamd.

Want ik hield van beleggen
en ik kon het ook.
Ik belegde voor mijzelf,
toen ik een vaste baan had als kok
bij Palestra/Landal stroombroek.

Dus kon ik het beleggen ook
professioneel voor andere mensen gaan doen.

Ik had geen ervaring met verkopen
of met jezelf verkopen.

Ik vond 5 klanten,
mijn vader, mijn moeder, mijn zusje,
mijn exvriendin en een vriendin van mijn moeder.

Plus mijn eigen geld belegde ik in de portfolio.

Ik belegde voornamelijk in beleggingsfondsen,
waardoor het risico klein was.
En we in veel verschillende bedrijven
wereldwijd belegd waren.

Er zat zo'n 1600,- in de portfolio.

Het waren centjes van winst nemen
dagelijks bijna.

Ik keerde de beloofde 10% rendement uit.

En een bonus rendement van 2,5%

Ik doneerde een bescheiden bedragje
aan een Goed Doel,
namens Jasko.

Het was duidelijk niet genoeg om
van te leven.

Er zou een ton in moeten zitten,

zodat ik tientjes en honderdjes winst maakte.

Ik begon opties te kopen.
Ik had daar geen ervaring mee.
Verloor wat geld.

Maakte wat winst.

Verloor nog wat.

Mijn zusje trok weer in bij ons,
nadat haar relatie uit was gegaan.
Die jongen was niet goed voor haar geweest,
ze kwam met schulden terug.

Dus er was niet genoeg geld thuis voor
3 mensen. Mama's minimumloon
onderhield 3 mensen.

Als er een rekening kwam voor de
gemeentebelasting (jaarlijks 500,- euro)
dan kon het niet betaald worden.

Ik geloofde erg in mijn bedrijf

en wou niet iets anders gaan doen.

Ik had ook patent aangevraagd
voor mijn financiele systeem en
mijn idee voor een fonds.
Waar mijn bedrijf op gebaseerd was.

Maar ik moest eigenlijk wel.

Ik begon toen met Hajro Klusjes,
voor mensen huishoudelijke taken doen
of de tuin, tegen betaling.

Ik kon bij een oudere man in de buurt
schoonmaken en stofzuigen,
afstoffen.

Toen ben ik ook naar werk gaan zoeken
via uitzendbureau's.

Ik kon beginnen bij Rabelink
als lader/losser.

Uiteindelijk heb ik me in 2015
bij de Kamer van koophandel uitgeschreven.

Ik was erg verdrietig.
En werd een beetje futloos.

Een soort hulpverlener wou dat ik een
toestemingovereenkomst
tekende,
waardoor weinig meer over mijn leven te zeggen had.

Kutwijf
Kuthulp.

Ik geloofde niet meer in hulp.

Zelfhulp was de beste hulp,
zei papa een keer.

En de enige hulp denk ik

Mijn zusje had ondertussen
al iets van 5 jaar ervaring met verkopen.
(Ze is maar 5 jaar jonger hoor,
geen klein kind ofzo)

Ze was een nieuw bedrijf begonnen met haar
nieuwe vriend en een collega van vroeger.

Uw voordeel nu vof.

Met haar vriend waren ze ook een stichting
aan het oprichten.
Stichting samen leven met een ander.
Ik heb de oprichtingakte gezien,
opgemaakt door 026notariaat te Arnhem.

En ik kreeg een kan om wenskaarten te gaan verkopen.

Oh ja,
dat laden/lossen baantje
is gegaan zoals alle andere baantjes,
die ik niet wou doen.
Ik kwam een aantal keer te laat,
en daarna kwam ik helemaal niet opdagen.

De wenskaarten verkopen,
zou een goede training zijn
om uiteindelijk als energieadviseur
langs de deuren te gaan.

Het verkoop proces is hetzelfde.
100 mensen spreken per dag,
3 rondjes lopen zodat je iedereen spreekt
in je terry(werkgebied)
De pitch (je presentatie)
is hetzelfde bij ieder persoon die
je spreekt.
Enz.

Ik kreeg training van hun,
Emina mijn zusje en haar vriend.
Ik begon ook seminars te kijken
over sales (verkoop)
op Youtube.

De pitch te oefenen.

Ik begon enthousiast te worden.

Op een dag zat ik thuis
naar de wenskaarten te kijken.
En dacht ik kan het,
ik kan wat ze doen.

En wat kan er nou gebeuren,
als ik de pitch vergeet,
of niet uit mijn woorden kom.

Emina zei dat het ergste
een doorslam was.
Als iemand de deur voor je neus dichtsmijt.
Ha, alleen dat ?

Dus ik nam mijn pitch op een briefje mee,
een geldtasje en een aantal sets wenskaarten.

En begon te lopen en te verkopen,
iik begon gewoon in mijn woonstraat...

Voor ik er klaar en wel voor was.

Ik verkocht een aantal setjes,
de mensen waren veel aardiger dan ik had verwacht.

Ik denk dat veel mensen iets goeds willen doen.
Ook al is het een setje kaarten kopen
voor het Goede Doel.

De stichting mag beloningen geven aan haar
bestuur en medewerkers.

De website van de stichting deed het even niet.
Emina en haar vriend gingen uit elkaar.
Hij had de nota voor de oprichtingsakte
nooit betaald.
De stichting was technisch nog niet opgericht.

Om van het gedoe af te zijn.
En lekker door te kunnen gaan met verkopen,
wat ik ondertussen leuk begon te vinden.

Heb ik met de gespaarde opbrengst
van mijn kaartenverkoop
een eigen stichting opgericht.
Waarbij wel alles in orde was.
En dat is natuurlijk :
stichting Giveth Life

Een website ervoor gemaakt,
en ik ging vrolijk verder verkopen.

Toen kwam de politie een aantal keer,
want ze vonden dat ik aan het collecteren was.

Ik was aan het venten,
in mijn hoofd is collecteren :
met een geldbus langs de deuren gaan.

Ik verkocht een product.

Zij dachten anders....

Ik had me alweer ingeschreven bij de Kamer
van koophandel,
om als onafhankelijk energieadviseur
te kunnen gaan verkopen.
Met onderneming Hajro.

Om van dat onnodige gedoe met de
politie klaar te zijn.
Besloot ik om namens mijn onderneming Hajro
wenskaarten te gaan verkopen.

En een deel van mijn opbrengst aan Goede Doelen te doneren.

De kans zat erin dat in de toekomst de kaartenverkoop
minder zou worden,
door Facebook, Whatsapp
digitale kaarten etc.

Dus ik moest wat verzinnen,
dat mensen altijd zouden gebruiken,
maar waar ik er wel een aantal van in mijn tas
mee kon nemen.

Ik kwam op het handigsetje...

Een mok gevuld met snoepjes,
met een theelepeltje, een aansteker en een pen.
Ingepakt als een cadeautje.

Want de mensen zullen wel altijd hun koffie
of thee uit een mok blijven drinken.

Ik wou het ook steeds groter
en beter doen. Een mooie winkel
wou ik van mijn onderneming maken.

Uiteindelijk was het dat ook op
www.hajro.nl

Daarna kocht iemand dat domein.
Toevallig. Volgens mij was er niks toevalligs aan.

Moest ik een nieuwe website maken,
het oude webadres staat op mijn
duizenden visitekaartjes,
op de flyers,
op mijn boeken.

Kon ik alles opnieuw doen.

Nou de nieuwe en verbeterde website
is natuurlijk www.hajrobv.nl
en heeft een leuke en unieke
E-winkel.

Met alleen maar Hajro producten.

Ik hou natuurlijk heel erg van mijn onderneming Hajro.
Het is als een kindje voor me.

We doen ook goed,
en steunen veel Goed Doelen,
en mijn boeken kunnen ensen echt helpen.
Om gelukkiger en rijker te leven,
en om hun bedrijf profitabeler te maken.

Ik verdien mijn geld met verkopen.

Dus de royalties (de opbrengst)
van mijn boeken gaan naar het Goede Doel

Een goede stichting,
namelijk stichting Giveth Life.

Die al gezinnen een steuntje in de rug heeft gegeven.

Ik zou je graag meer vertellen over Hajro,
want het gaat veel goede dingen doen,
maar de bedoeling van dit boek
is om je iets anders te vertellen.

Je kan natuurlijk altijd
het eboek Oprichting Hajro,
het conglomeraat
Gratis downloaden
op www.hajrobv.nl
ga dan via de E-winkel
naar mijn authorspotlight bij Lulu.
Je komt daar vanzelf door op een van mijn
boeken te klikken in de E-winkel,
op www.hajrobv.nl

Zoals je ziet,
heb ik sinds die nacht op straat
altijd werk en altijd cash geld op zak,

<u>iedere dag van de week kan ik verkopen en verdienen.</u>

<u>Dankzij de verkoop (sales)</u>

Blogartikel :

Verkopers verkopen iets aan mensen,
de ondernemingen waar die verkopers voor werken maken
winst.

Van die winst wordt een deel aan belastingen betaald,
van dat geld betaalt de overheid voorzieningen
die we allemaal wel eens gebruiken.
Voorzieningen zoals de brandweer, de politie, ziekenhuizen,
wegen (infrastructuur).

Ook zijn ondernemingen degenen die het meeste doneren aan
Goede Doelen.
En ondernemingen geven ook meer geld dan wie dan ook,
uit aan
sponsoring van sportclubs en sportverenigingen.

En ook niet onbelangrijk :
ondernemingen geven miljoenen mensen werk.

Dus er is niks mis met commercie en
commerciele bedrijven.

Hoe kunnen die bedrijven dat doen ?

Door de verkoop.

Door producten of diensten te verkopen aan mensen,
komt er geld (omzet & winst)
die bedrijven binnen.
En door de verkoop komt er geld in jouw broekzakken.

" Trouwens, ik ben mijn eerste bedrijf begonnen in 2012.
Ik heb meer dan 700 sales gemaakt,
sinds 1 september 2015 tot nu toe.
Dus ik heb een trackrecord, en weet waar ik over praat. "
" Zoals je vast al begrepen hebt, verdien ik mijn geld door te
verkopen voor mijn eigen bedrijf. Dat is mijn werk.
De opbrengst van mijn boeken gaat naar het Goede Doel.
Ik schrijf uit ervaring, ik schrijf om mensen vooruit te helpen. "

Nou 700 keer 5,- euro =
3500,- euro

Maar verkijk je niet op dat bedrag....

Voor iemand die dakloos was,
en nou werk heeft tot aan zijn pensioen.

Iedere dag werk & geld in de zak,

iedere dag

Is het aardig.

Bedenk je dat als je iemand helpt overstappen

van bijvoorbeeld de Nuon,

naar EnergieDirect. Wat voordeliger is.

Jij 50,- euro verdient.

Als energieadviseur.

En 50 euro keer 700 klanten =

35000,- euro

Vind 20 mensen per maand,

die je helpt overstappen van energieleverancier,

(dat betekent dat je een formuliertje invult)

en je verdient

20 x 50,- = 1000,-

Met 40 klanten per maand verdien je

2000,- euro per maand.

Je hoeft maar 1 of 2 klanten per dag te vinden.

Zie je wat de mogelijkheden zijn in de verkoop ?

Ook voor jou dus.

Je kan heel simpel beginnen

door pennen voor een eurotje te gaan verkopen.

Op zaterdag.

1,- per pen.

Daarna setjes wenskaarten.

5,- per set.

Daarna stroom&gas,

de overstap regelen,

door een formuliertje in te vullen.

50,- per klant.

Daarna stofzuigers of auto's

enkele honderden euro's

per klant.

Daarna huizen,
10.000,- euro of meer
per klant

Werk tot aan je pensioen!
Baanzekerheid.

Het beste is het als het bedrijf waarvoor je
verkoopt iets goeds doet.
Dan doe jij ook iets goeds
en voel je je gewoon goed erover.
Omdat je iets meer doet,
dan een product of dienst verkopen.

Daarom verkoop ik graag voor Hajro,
omdat ik er 40 Goede Doelen mee steun,
en de klant ook.

Je kan bij Hajro vrijwilliger worden,
als je wil.
Dan loop je op zaterdag te verkopen.
En je krijgt er een vergoeding voor.
Je leert het vak.

En doet goed,
door Goede Doelen te steunen.

Kijk op www.hajrobv.nl
of je er een goed gevoel over hebt.
Neem dan contact op via post of email.
En anders kun je altijd ergens anders
beginnen in de verkoop.

Of je eigen webshop starten

Als je voor Hajro wil verkopen.....

Dan word je getraind door dezelfde persoon
die mij heeft leren verkopen. Mijn zusje.

Emina Hajro heeft inmiddels 8 jaar ervaring met
verkopen (sales)

Ze heeft een trackrecord.

Ze heeft een kantoor gehad met 20
verkopers.
Ze heeft tientallen mensen getraind
tot verkoper.

En ze heeft duizenden sales gemaakt.

Ze is de eigenaar van EnergieNu,
dat is de overkoepelende organiatie
van Hajro en Hajro Groep.

Je vindt het op www.energienu.nl

Verkopen is een heel belangrijk beroep.
Zoals je in dat Blogartikel hebt kunnen
lezen draait de economie
dankzij verkopers.

Ambtenaren worden er ook van betaald,
door de belating op winsten van bedrijven.

Je kan trots zijn als je een verkoper wordt
of bent.

Nou ik heb je verteld
hoe de verkoop letterlijk mijn leven heeft gered.

Dat ik nou werk heb tot aan mijn pensioen
en daarna nog als ik wil.

Ik heb je de mogelijkheden laten zien,
van wat de verkoop je kan opbrengen,
als je uiteindelijk duurdere producten en
diensten gaat verkopen.
Of makelaar wordt =
verkoper van huizen en bedrijfsruimten.

Je begrijpt dat ik met mijn onderneming Hajro,
wat tegenwoordig Hajro Groep is,
andere mensen
dezelfde kans wil geven.
Als de kans die ik heb gekregen

Ja ik heb ondertussen 4 keer 3
verschillende uitkeringen aangevraagd.
Allemaal afgewezen.
Ik kan niet rekenen op de gemeente of het UWV.

Maar ik kan wel rekenen op mijzelf en de verkoop!
Iedere dag.

Ik heb van maandag 18 september 2017 tot en met
woensdag 27 september 2017,
10 dagen achter elkaar lopen verkopen,
en 22 sales in totaal gemaakt.
Dus iedere dag sales gemaakt & iedere dag winst gemaakt.

Iedere dag geld verdient.

Dat kan jij ook.

Hopelijk heb ik je kunnen enthousiasmeren

over de verkoop.

En begin je te verkopen.

Of je stuurt iemand die je kent,

die werk en geld nodig heeft

de verkoop in.

De verkoop, Waar altijd werk is.

Geef diegene dan ook een exemplaar van dit boek,

zodat het hem of haar

vooruit helpt.

Je hebt nou
boek Altijd werk & altijd geld op zak,
iedere dag
gelezen.

Je hebt werk tot aan je pensioen aangeboden gekregen.
Baanzekerheid.

Hierna komt
boek Recept voor Geluk
zodat je gelukkiger gaat leven,
met minder stress

En daarna komt
boek Bouw jouw Fortuin,
zodat je rijk wordt

Wees wel bereid om de dingen te doen,
uit alle 3 boeken.
Klein beginnen,
stapje voor stapje.
Je kan het.

Zoveel waardevolle kennis,
voor zo'n belachelijk lage prijs ???

Dit zou een BestSeller
moeten zijn !

Vind je ook niet ?

Dan maken we er een BestSeller van.....

Wil je zo vriendelijk zijn
om dit boek,
dat uit 3 boeken bestaat,
bij de mensen die je kent
aan te raden ?
Zodat zij ook een exemplaar kopen,
en hun leven verbeteren.

En ik zal het promoten.

Dan maken we er samen een BestSeller van, en doen we goed,
want de opbrengst gaat naar het Goede Doel.
Naar die goede stichting,

stichting Giveth Life

Super bedankt alvast.

Bedankt voor het lezen

Ik wil je graag het volgende boek
cadeau doen.

Zodat je gelukkiger gaat leven,
met minder stress.

Boek Recept voor Geluk
kun je op de volgende pagina's lezen.

Veel plezier ervan.
Het Recept voor Geluk

Er is een boek geschreven over een waar gebeurd verhaal...

Een man die in een concentratiekamp zat ten tijde van Hitler,
en gelukkig was.

Dus,
geluk heeft Niks te aken met jouw omstandigheden.

Het heeft alles te maken met,
jouw keuze om gelukkig te zijn,
ongeacht omstandigheden.

Kies ervoor om gelukkig te zijn.

Natuurlijk zijn er mindere periodes in het leven,
zoals wanneer iemand waar je van houdt,
overlijdt.
Dat hoort bij het leven.
En periodes van verdriet met je gewoon verwerken.

Verwerken doe je het beste door erover te praten,
je hart te luchten, regelmatig.

Door erover te schrijven,
als je een situatie of je gevoelens erover opschrijft,
dan staat het op papier,
en zit het minder in je hoofd.
Schrijven is een goede uitlaatlep.

Verwerken doe je ook goed door :

bezig te blijven.

Of dat nou in je werk of je hobby is.

Ze zeggen : een rollende steen vergaart geen mos.

Dus blijf bezig....

Oke, een goede les geleerd om negatieve ervaringen
beter te verwerken.

Maar je bent hier voor het Recept voor Geluk, toch ?

Nou, de les hiervoor helpt je om het Recept beter voor je te
laten werken.

Hier komt ie dan...

Je leest vast wel 's een lokaal krantje,

en je kijkt vast regelmatig naar het journaal
(het dagelijkse nieuws op tv)

Is je al opgevallen dat het voor 99% Slecht nieuws is ?

Alleen maar ellende..

Als je niet beter wist,

zou je denken dat de hele wereld aan het vergaan is.

Als het voor jou een gewoonte is,
om dagelijks een half uurtje naar het journaal te kijken...

Heb je er wel's bij stil gestaan of dat wel gezond is ?
Word je er gelukkig van ?

Natuurlijk Niet !

Het makkelijkste verander je een gewoonte
door het te vervangen met een nieuwe gewoonte.

Dus vanaf vandaag ga jij
in plaats van dagelijks een half uurtje
naar de wereldellende op het journaal te kijken...........

Een half uurtje per dag naar COMEDY kijken.

Verplicht.

Iedere dag.

Nou is half 8 in de avond geen nieuwstijd,
maar Comedy tijd.

Als je naar comedy kijkt,
ontspan je &
lach je.

Klinkt al gezonder, vind je niet ?

Nou, iedere dag lachen is makkelijk te doen, toch ?

En je oude slechte gewoonte vervangen,
met een leuke, gezonde nieuwe gewoonte,
is ook makkelijker dan je had gedacht.

Behalve dat ontspanning goed voor je is,
maakt wanneer je lacht,
jouw lichaam endorfines aan.

Dat zijn natuurlijke geluksstofjes.

Nou, je hebt na 21 dagen,
een nieuwe gewoonte gevormd.

Dus kijk iedere dag Comedy.

Je kan veel standup comedy op Youtube, gratis kijken.

Simpel ?

Zeker, maar je moet het wel even doen,

iedere dag,

totdat je er niet meer over na hoeft te denken,

en je het automatisch gaat doen.

Even wat Geluksingredienten op een rij :

- Kijk iedere dag comedy, minimaal een uur

- Eet ijs, trakteer iemand op een ijsje

- Ga sporten, lekker van je afslaan met tennis of lekker hardlopen

- Pis in de tuin
(en als je een boete krijgt voor wildplassen, dan lach je je helemaal stuk)

- Maak je geen zorgen, het leven is te kort daarvoor
(door bezig te blijven, heb je geen tijd om je zorgen te maken)

- Knuffel mensen waar je van houdt

–   Ga gezellig een kopje koffie drinken

–   Neem een kat of een ander huisdier

–   Als je geld ontvangt, spaar gelijk een deel ervan

–   Laat je niet bang maken door de media,
de wereld wordt niet slechter, de wereld wordt steeds beter.

–   Sex, need I say more
(als je sex hebt maak je ook endorfines = geluksstofjes aan)

Misschien is het Recept anders dan je had verwacht,

maar daar gaat het niet om,

het gaat erom dat het werkt &

jou helpt gelukkiger te leven.

Doe het,

het is makkelijker

dan zuur te kijken.

Als je dit 2 goede boeken vindt,
wil je dan zo vriendelijk zijn
om ze aan te raden
bij mensen die jij kent.

Zodat ook zij ermee vooruit worden geholpen.

Dank je.

het Betaal jezelf eerst principe

Het betaal jezelf eerst principe.

Het betekent dat wanneer je jouw geld ontvangt,
je eerst jezelf betaalt door bijvoorbeeld een tiende opzij te zetten.

Om het resultaat hiervan te verduidelijken,
maken we een voorbeeld berekening.

Je verdient bijvoorbeeld 3000,- euro per maand.
En je betaalt jezelf eerst,
oftewel : je zet een tiende (10%) van je inkomen opzij.
Dus 300,- euro per maand.

Het jaar heeft 12 maanden,
dus na 1 jaar heb je (12 x 300) = 3600,- euro.
Na 1 jaar heb je een heel maand salaris opzij gezet.

Als je iedere maand een tiende opzij zet,
hoeveel heb je dan na 10 jaar ?

(3600 x 10) = 36000,- euro.
Dus na 10 jaar heb je 36000,- euro
oftewel een heel jaar salaris opzij gezet.

Verderop in dit boek : Bouw jouw Fortuin,
ziet u hoe u dat bedrag dat u maandelijks opzij zet.
Harder kunt laten groeien.

<u>10 % van alles</u>

Het is belangrijk dat wanneer je eerst jezelf betaalt,
door 10 % opzij te zetten.
Dat je 10 % van alles opzij zet.

Natuurlijk 10 % van je inkomen.

Maar ook 10 % van de fooi als je die krijgt,
ook 10 % van je toeslagen,
ook 10 % van je cadeaugeld,
ook 10 % van je 13de maand,
ook 10 % van je bonus,
ook 10 % van je loonsverhoging,
ook 10 % van je belasting teruggaaf,
ook 10 % van je welkomstpremie.

Vanuit welke hoek of van wie dan ook je geld ontvangt,
het eerste wat je doet is jezelf eerst betalen.
Door een tiende ervan opzij te zetten.

Einde previeuw

Voor meer informatie over dit boek , ga naar onze verbeterde
website : www.hajrobv.nl

Previeuw boek Moneymaker

Moneymaker 3.

de bijbel voor ondernemers, geschreven door een ondernemer.
Dus jouw dagelijkse kost.

Nee, het gaat niet over GOD.

Er staat, geschreven door een ondernemer.....

JIJ LEEST ALLEEN MAAR BOEKEN DIE GESCHREVEN
ZIJN DOOR MENSEN DIE EEN EIGEN BEDRIJF HEBBEN !!
Begrijp je dat ?

Zo voorkom je dat je geest voedt met BULLSHIT.
En dat je BULLSHIT gaat modelleren.
Dus bespaar je jezelf tijd en geld.

Ok, dan even over die Ondernemersbijbel.
Het heet No Excuses, the Power of self discipline En is
geschreven door Brian Tracy

En ja die heeft een eigen bedrijf. Anders stond zijn naam hier
Niet.

Het komt toch op zelf discipline neer.
En zelf discipline maakt dat jij je heel erg Goed voelt over jezelf.

Als je gaat sporten bijvoorbeeld, terwijl de meeste mensen tv aan
het kijken zijn.
Als je op zaterdag werkt, terwijl de meeste mensen weekend
houden.

Als je op zondag een stap zet richting het bereiken van je doelen.

Bovenstaande 3 voorbeelden, vereisen zelf discipline van jou.

Maar over 1, 3, 5 jaar waar sta jij dan ?

En waar de meeste mensen ?

Wel's een dag gewerkt met pijn omdat je tanden afgebroken
waren ?
Wel's gewerkt met 2 uurtjes slaap, de nacht ervoor ?
Wel's gewerkt zonder te hebben geslapen, de nacht ervoor ?

Het was vast makkelijker om toen, tv te gaan kijken.....

Maar dan zou ik nou voor jou een Bullshitter zijn,
en niet iemand die je respecteert.

Oh jah, koop de ondernemersbijbel. NU.

Previeuw boek Moneymaker

Moneymaker 2.

Twee dingen waar je dagelijks je tijd aan MOET besteden

Welke 2 zijn dat ?

Tv kijken en op Facebook zitten ?

Zonder BULLSHIT, dus :

SALES & DIRECT MARKETING

Als je iets verkoopt (sales), dan komt er winst binnen.

Als je goed wordt in (direct marketing), dan komt er winst
binnen.

Met marketing bespaar je jezelf tijd tijdens het verkopen.
Je hoeft tijdens je presentatie niet uit te leggen wie je bent en wat
je onderneming doet.

Hoeveel uur per werkdag besteed Jij aan sales ?

Hoeveel uur per werkdag besteed Jij aan Direct Marketing ?

WAT GEBEURT ER ALS JE ALLEEN MAAR JE TIJD
BESTEEDT AAN SALES & DIRECT MARKETING ??
Heb je dan meer winst en dus meer geld ?

Einde previeuw
Voor meer info over dit boek van mij, ga naar www.hajrobv.nl

Preview boek Victorie

We zijn weggegaan uit het dorp
en we zaten in een verlaten huis.
Ik weet niet meer hoe die plaats heet.
We hebben graan geoogst,
en aardappels verbouwd.
We pasten op de koe van oom Ibro,
Galava.

Ik moest Galava vastbinden aan een boom,
zodat ze gras kon grazen.
Maar ik had de ketting korter moeten
vastbinden, want ze had teveel
loopruimte

en ze had een aantal aardappelplanten opgegeten.
Ik kreeg weer klappen.

Je kon het schieten op afstand horen.
Een huis vlakbij dat waar wij inzaten werd opgeblazen.
We zijn daar 's avonds vertrokken.

Een hotel werd in die tijd een
opvangplaats voor vluchtelingen.
Daar hebben we een tijdje gezeten,
en kregen voedselpakketten.
Ik ben daar ook gevallen op de trap
met een fles melk,
en had een snee in mijn pols.
Het is gehecht en het litteken
lijkt op een kruisje.
Het is nog steeds te zien,
op mijn linkerhand.

Mijn vader was niet bij ons
in die opvangplaats.

Ik herinner me dat we een keer stonden te wachten,
met veel mensen,
waarschijnlijk op die vedselpaketten.
Het was zo benauwend...

Mijn tante Rahima was al naar Nederland gegaan,
en ze hadden geregeld dat wij er ook naar toe konden.

Ik herinner me dat ik mijn zusjes hand moest vasthouden
en niet mocht los laten. Toen we met de koe
door het bos liepen.

Einde preview.

<u>Kleine introductie met oprichting Hajro</u>

Hajro zet zich in voor de mensen in provincie Gelderland,
door mensen aan het werk te houden,
door te doneren aan Goede Doelen,
en door jou te helpen om rijker te leven.

Tegenwoordig is Hajro
een dochteronderneming van Hajro Groep.

De Hajro Groep bestaat uit 20 verschillende ondernemingen,
die allemaal deel uit maken
van 1 overkoepelende organisatie.

We hebben nou verschillende producten & diensten,
en we steunen meer dan 40 Goede Doelen.

Bezoek ons op <u>www.hajrobv.nl</u>

en ontdek wat we nog meer voor jou kunnen betekenen.

Hopelijk word je een lovende klant van ons.

Ik wens je in ieder geval

veel voorspoed & geluk.

Met vriendelijke groeten,

Jasmin Hajro

Hajro
Ottawastraat 19
7007 BC
 Doetinchem,
the Netherlands
KvK : 65686306

www.hajrobv.nl

amazon.com/author/jasminhajro

P.S. Ik zal je eeuwig dankbaar zijn als je een

review wil schrijven over dit boek & het deelt.
Dank je.

––––––––––––––––

Nou komt boek
Bouw jouw Fortuin

BOUW JOUW FORTUIN

Bouw jouw Fortuin

_____

Jasmin Hajro

Jasmin Hajro

© 2018

Omslagontwerp Jasmin Hajro

4de druk

ISBN : 978-0-244-68044-2

In dit boek ontdek je :

- Er is genoeg geld op de wereld

- het Pay yourself first principe

- 10 % van alles

- het Geheim van succes

- Trend (die belangrijk is voor jou)

- Voorbereiding

- Systematisch opbouwen

- Jouw resultaat na 10 jaar

- het 2de geheim van succes

Het Goede Nieuws

Geld blijft binnenstromen bij jou.
Geld blijft binnenstromen.
Geld blijft circuleren.
Geld heeft dit honderden jaren gedaan.
Geld zal dit honderden jaren blijven doen.

Sinds jij voor het eerst zakgeld kreeg,
sinds jij voor je eerste bijbaantje betaald
kreeg.
Sinds je studiefinanciering begon binnen te
komen,
sinds jouw baan maandelijks je salaris begon
te betalen.
Sinds jouw bedrijf winstgevend werd.

Geld bleef iedere maand bij jou binnen
komen.

Zelfs bij mensen met een bijstand of ww
uitkering.
Gelukkig.
Gelukkig blijft geld regelmatig binnen
komen.

Er is genoeg geld op de wereld.
Mocht het nodig zijn, dan wordt er meer geld
bijgemaakt.

het Pay Yourself First principe

Het betaal jezelf eerst principe.
Het betekent dat wanneer je jouw geld
ontvangt,
je eerst jezelf betaalt
door bijvoorbeeld een tiende opzij te
zetten.

Om het resultaat hiervan te verduidelijken,
maken we een voorbeeld berekening.

Je verdient bijvoorbeeld 3000,- euro per
maand.
En je betaalt jezelf eerst,
oftewel : je zet een tiende (10%) van je
inkomen opzij.
Dus 300,- euro per maand.

Het jaar heeft 12 maanden,
dus na 1 jaar heb je (12 x 300) = 3600,-
euro.
Na 1 jaar heb je een heel maand salaris
opzij gezet.

Als je iedere maand een tiende opzij zet,
hoeveel heb dan na 10 jaar ?
(3600 x 10) = 36000,- euro.
Dus na 10 jaar heb je 36000,- euro
oftewel een heel jaar salaris opzij gezet.

Verderop in dit boekje,
ziet u hoe u dat bedrag dat u maandelijks
opzij zet.
Harder kunt laten groeien.

10 % van alles

Het is belangrijk dat wanneer je eerst
jezelf betaalt,
door 10 % opzij te zetten.
Dat je 10 % van alles opzij zet.

Natuurlijk 10 % van je inkomen.

Maar ook 10 % van de fooi als je die krijgt,
ook 10 % van je toeslagen,
ook 10 % van je cadeaugeld,
ook 10 % van je 13de maand,
ook 10 % van je bonus,
ook 10 % van je loonsverhoging,
ook 10 % van je belasting teruggaaf,
ook 10 % van je welkomst premie.

Vanuit welke hoek of van wie dan ook je geld
ontvangt,

het eerste wat je doet is jezelf eerst
betalen.

Door een tiende ervan opzij te zetten.

het Geheim van succes

Het geheim van succes is DOORZETTEN.

Als het 20 jaar duurt,
voor jij miljonair bent.
Als dat betekent dat je 20 jaar,
ervoor moet werken en sparen & investeren.
Dan moet je wel 20 jaar DOORZETTEN met
werken en sparen & investeren.

En niet na 5 jaar ermee stoppen....

DOORZETTEN tot dat jij jouw doel bereikt.

Het 2de geheim van succes is :

WAT JE MET JE TIJD DOET

Dus Niet uren tv gaan kijken,

maar geld gaan verdienen

&

omgaan met mensen die veel geld verdienen.

Zodat je van hun leert om nog meer geld te
verdienen.

Dat geld laat je dan hard voor jou werken,

volgens dit systeem, dat je aan het leren
bent.

_____

De persoon die jou rijk gaat maken,
degene die jouw Eigen Fortuin gaat opbouwen,
ben JIJ.

Zorg daarom goed voor jezelf.

Zodat je lang kunt doorgaan en doorzetten,
totdat jij jouw doel bereikt.

Trend

Omdat mensen tegenwoordig langer leven,
hebben ze voor langere tijd geld nodig.

Veel mensen bouwen inkomen op voor later,
met dividend uitkerende &
rente uitkerende beleggingen.

Hierdoor zal de waarde van deze beleggingen,
in de loop der tijd stijgen.

Het deel van je geld
dat je gaat beleggen,
wordt dus meer waard.

Obligaties in het kort

Als je een obligatie koopt,
leen je in feite geld aan een bedrijf of
overheid.
Je krijgt hiervoor rente,
die jaarlijks wordt uitgekeerd.

Een obligatie kost meestal rond de duizend
euro.
Sommige obligaties hebben een bepaalde loop
tijd,
bijvoorbeeld 10 jaar.
Als deze obligatie 5 % rente geeft,
met een loop tijd van 10 jaar.
En je koopt deze obligatie.

Dan krijg je de aankomende 10 jaar,
ieder jaar 50,- euro aan rente.
Na die 10 jaar, krijg je je inleg,
die duizend euro terug.

Bij sommige obligaties staat geen jaartal.
Er staat een p bij, de afkorting voor
Perpetual,
wat eeuwigdurend betekent.
Deze perpetual obligaties keren jaarlijks
rente uit.
Zolang de organisatie die ze uitgeeft,
blijft bestaan.
Dat kan honderden jaren zijn.

Je koopt een keer een obligatie,
en krijgt ieder jaar 50 euro aan rente,
de aankomende 50 jaar.
Zonder dat je er iets voor hoeft te doen !

Dat is beter he ?

Voorbereiding

Voor jij begint met het opbouwen van je
Eigen Fortuin,
moeten we de voorbereiding eerst doen.
De voorbereiding bestaat uit 3 dingen.

1. Laat jouw testament opmaken
door een notaris.

Dit is niet leuk, maar wel belangrijk.
Zodat als je er niet meer bent,
er geen onduidelijkheden of misverstanden
zijn.
Over wat je na laat en aan wie.

2. Zorg dat je goed
verzekerd bent.

Sluit de verzekeringen die je nodig hebt,
en nodig denkt te hebben af.
Zoals een overlijdensrisicoverzekering en
een uitvaart verzekering.
Zodat als je er niet meer bent,
jouw nabestaanden niet worden opgescheept
met die kosten.
En nog dingen moeten regelen.
Maar dat alles nu al, goed geregeld is.
Probeer al je verzekeringen bij 1 of 2
aanbieders onder te brengen, zodat je
korting krijgt op je verzekeringenpakket.

3. Open de volgende 3
rekeningen :

Een spaar rekening,
een deposito rekening,
een beleggingsrekening.

Systematisch opbouwen

Op die 3 rekeningen ga je systematisch,
je Eigen Fortuin opbouwen.
Met het bedrag dat je van je inkomen,
iedere maand opzij zet.

Als je zoals in ons voorbeeld,
per maand 300,- opzij zet.
Dan verdeel je die 300,- euro ,
over je 3 rekeningen.
1/3 Sparen, dus je zet 100,- euro op je
spaar rekening.
1/3 Deposito, dus je zet 100,- euro op je
deposito rekening.
1/3 Beleggen, dus je zet 100,- euro op je
beleggingsrekening.

Op je beleggingsrekening beleg je de helft
in een dividend uitkerend aandelen
beleggingsfonds.
En de andere helft beleg je in een rente
uitkerend obligatie beleggingsfonds.

Bijvoorbeeld :

50,-euro,   NN Utilities Fund Dis
50,-euro,   Triodos Sustainable Bond Fund

Je kunt dit dan het hele jaar zo laten
staan.
Zonder ernaar te hoeven omkijken.

Na dat jaar, ontvang je rente op je spaar
rekening.
En rente op je deposito rekening.
En dividend & rente op je
beleggingsrekening.

Dit geld werkt nou voor jou.
Zo laat je het groeien.
Je krijgt ook in de loop der jaren,
het rente op rente effect.
Waardoor het sneller groeit.

Iedere maand

Volgende maand betaal je jezelf eerst,
door een tiende van je inkomen,
opzij te zetten.

Dit bedrag van 300,- euro verdeel je weer
over je 3 rekeningen. 1/3 Sparen, dus 100,-
euro naar je spaar rekening.
1/3 Deposito, dus 100,- euro naar je
deposito rekening.
1/3 Beleggen, dus 100,- euro naar je
beleggingsrekening.

Op je beleggingsrekening beleg je de helft
in een dividend uitkerend vastgoed
beleggingsfonds.
De andere helft beleg je in een rente
uitkerend obligatie beleggingsfonds.

Bijvoorbeeld :

50,- euro, BNP High Income Property Fund
50,- euro, NN Global Obligatie Fonds

In totaal heb je nou :

200,- euro op je Spaar rekening
200,- euro op je Deposito rekening
200,- euro op je Beleggingsrekening
Het bedrag op je beleggingsrekening is
gelijk verdeeld over 4 beleggingsfondsen.

Dit betekent voor jou,
dat je jaarlijks rente ontvangt op je spaar
rekening.
En dat je jaarlijks rente ontvangt op je
deposito rekening.
En dat je jaarlijks dividend &

rente ontvangt op je beleggingsrekening.

De volgende maand doe je weer dezelfde 3 stapjes

Stap 1 : Van je inkomen zet je een tiende (
10 %) opzij.

Stap 2 : Dat een tiende, in ons voorbeeld
die 300,- euro   verdeel je over
jouw 3 rekeningen.
Een derde op je spaar rekening.
Een derde op je depositorekening.
En een derde op je beleggingsrekening.

Stap 3 : Het bedrag op je
beleggingsrekening,
deel je in twee.
De ene helft beleg je in een dividend
uitkerend
aandelen beleggingsfonds
of
een dividend uitkerend vastgoed
beleggingsfonds.
De andere helft beleg je in een rente
uitkerend obligatie
beleggingsfonds.

De maand erna doe je weer dezelfde 3
stapjes.

Daarna doe je iedere maand dezelfde 3
stapjes.

Waarom niet alles beleggen ?

Het is belangrijk dat jij,
je houdt aan de beschreven verdeling.
Met deze verdeling loop je alleen risico
over een derde van je geld.

Door dat deel waar je risico over loopt,
goed te spreiden.
Verminder je het risico.

Beleggingsfondsen zijn ook al gespreid in
zich zelf.
Een beleggingsfonds is zelf belegd in 50,
100 of meer bedrijven.

Het bedrag waarmee je maandelijks eerst
jezelf betaalt,
oftewel wat je opzij zet.
Verdeel je altijd over je 3 rekeningen
zoals hieronder :

1/3 sparen
1/3 deposito
1/3 beleggen

Het is verstandig om je beleggingen in
beleggingsfondsen
ook te spreiden per categorie,
zoals hieronder :

1/3 aandelen
beleggingsfondsen
1/3 obligaties beleggingsfondsen
1/3 vastgoed beleggingsfondsen

Kies voor beleggingsfondsen die dividend of

rente uitkeren.

Verschillend

Het kan zo zijn,
dat je spaar rekening de rente per maand
uitkeert.
Of per jaar.
Dat verschilt per bank en spaar rekening.

Het kan zo zijn, dat je beleggingsfondsen
het dividend per kwartaal uitkeren.
Of per jaar.
Dat verschilt per beleggingsfonds.

Als je bij de Rabobank een deposito rekening
opent,
het zogenoemde Doelsparen.
Dan kun je zelf bepalen,
hoe vaak je er geld in zet,
en hoeveel.
Dat is een erg handige deposito rekening.

Het kan zo zijn dat andere banken,
een minimum inleg vragen voor een deposito
rekening.
Bijvoorbeeld 500,- euro.

Als de bank waar jij je deposito rekening
opent,
een minimum inleg vereist.
Dan kun je dat maandelijks opsparen,
totdat je genoeg hebt om het in een deposito
vast te zetten.

In ons voorbeeld,
heb je na 5 maanden (5 x 100,-) = 500,-
euro,

genoeg opgespaard.
Je voldoet aan de minimum inleg.
En je kunt 500,- euro in je deposito vast
zetten,
voor bijvoorbeeld 10 jaar.

Na 1 jaar

Na 1 jaartje heb je in totaal 3600,- euro
opzij gezet.
(12 maanden x 300,- = 3600,- euro)

Maandelijks heb je de 3 stapjes gedaan.

Nou heb je :

1/3 van 3600,- is 1200,- euro en dat zit op
je spaar rekening.
1/3 van 3600,- is 1200,- euro en dat zit op
je deposito rekening.
1/3 van 3600,- is 1200,- euro en dat zit op
je beleggingsrekening.

Op je beleggingsrekening heb je gespreid per
categorie,
dus :

1/3 van 1200,- is 400,- euro en dat zit in
aandelen beleggingsfondsen.
1/3 van 1200,- is 400,- euro en dat zit in
obligatie beleggingsfondsen.
1/3 van 1200,- is 400,- en dat zit in
vastgoed beleggingsfondsen.

Je hebt belegd in dividend uitkerende en
rente uitkerende beleggingsfondsen.

Dus op je beleggingsrekening ontvang je
rente en dividend.
Op je deposito rekening ontvang je rente.

En op je spaar rekening ontvang je ook rente.

Stap 4 en 5

Stap 4 : Als je 1200,- euro in beleggingsfondsen hebt staan, verkoop je 1100,- ervan.

In ons voorbeeld, heb je ieder jaar 1200,- euro in beleggingsfondsen belegd.

Dus ieder jaar verkoop je 1100,- euro uit je beleggingsfondsen.

Zodat je 1100,- euro cash hebt, op je beleggingsrekening.

Stap 5 : Met die 1100,- euro cash op je beleggingsrekening, koop je 1 individuele obligatie.

Een obligatie die een hoge rente aan je uitkeert, en een lange loop tijd heeft.

Of een perpetual obligatie die een hoge rente aan je uitkeert.

Na 10 jaar

Als je de beschreven stapjes doet,
iedere maand en ieder jaar.
De aankomende 10 jaar.

Dan heb je :

1200,- x 10 jaar = 12000,- euro op je spaar
rekening.
1200,- x 10 jaar = 12000,- euro op je
deposito rekening(en)
1200,- x 10 jaar = 12000,- euro op je
beleggingsrekening

Iedere keer als je 1200,- euro in
beleggingsfondsen had,
heb je 1100, euro daarvan verkocht.
En daar 1 obligatie van gekocht.
Dus na 10 jaar heb je 10 obligaties.

Als je perpetual (eeuwigdurende) obligaties,
die 10 % rente per jaar uitkeren,
hebt gekocht.
Ontvang je (10 x 100,-) = 1000,- euro aan
rente per jaar.

Nou kun je 2 obligaties per jaar bijkopen.
Van wat je opzij zet op je
beleggingsrekening
& van de rente opbrengst van je obligaties.

Hierdoor wordt je jaarlijkse totale
opbrengst,
steeds groter.

Steeds grotere totale opbrengst per jaar voor jou

In de loop der tijd wordt je totale
opbrengst per jaar,
aan rente & dividend steeds groter.
Hierdoor kun je steeds meer obligaties per
jaar bijkopen.
En daardoor wordt je totale opbrengst per
jaar nog groter.

Bijvoorbeeld na vele jaren :

Je hebt 10 perpetual obligaties die 10 %
rente uitkeren,
je ontvangt per jaar 1000,- euro aan rente.
En je hebt 100 obligaties die een loop tijd
van 20 jaar hebben,
en die 8 % rente uitkeren.
Je ontvangt per jaar 8000,- euro aan rente.

Plus de rente die je ontvangt op je spaar
rekening
& plus de rente die je ontvangt op je
deposito rekening(en)

In totaal is je jaarlijkse opbrengst meer
dan tien duizend euro.

En daarmee kun je nog meer obligaties
bijkopen,
zodat je totale jaarlijkse opbrengst nog
groter wordt.

———

Door dit proces maandelijks en jaarlijks te
herhalen,
wordt de te herinvesteren opbrengst steeds
groter.
En kunnen er jaarlijks meer obligaties en
dividenduitkerende beleggingsfondsen gekocht
worden.
Waardoor de jaarlijkse opbrengst groter
wordt en
het systeem zichzelf versterkend is.

————————

Hoe nu verder ?

Als je dit boekje begrijpt,
en je begrijpt alle stapjes die je moet
doen.
Als je alles zelf gaat doen,
dan is dat prima.

Ga aan de slag.

Begin met het opbouwen van jouw Eigen
Fortuin.

Als je vindt dat je wel wat hulp kunt
gebruiken,
kun je dat vragen aan iemand.
Je kunt het aan je adviseur bij de bank
vragen.
Of je zoekt een onafhankelijk adviseur.
Dan ga je samen jouw Eigen Fortuin opbuwen.

_____

Leg dit boek op een plaats,
zodat je het iedere dag ziet.
Zodat het je herinnert aan jouw doel :

jouw Eigen Fortuin opbouwen.

En zodat het je herinnert aan de stapjes die
je iedere maand & ieder jaar moet doen.

_____

_____

_____

Bedankt voor het kopen van dit boek

&

succes met het opbouwen van

jouw Eigen Fortuin

Dit boek is geschreven in simpele taal,
zodat iedereen het kan begrijpen.
En de beschreven stapjes makkelijk kan doen.

Dit boek leert je om systematisch,
met simpele stapjes,
jouw Eigen Fortuin op te bouwen.

''Hoe je met simpele stapjes jouw Jouw
Eigen Fortuin opbouwt

is het resultaat van

jarenlange zelfstudie en

praktische ervaring ''

Jasmin Hajro,

de auteur van dit boek &

het boek Moneymaker,

is beleggingsexpert & serie ondernemer.

Voor meer informatie, ga naar :

www.hajrobv.nl

———————

Wees zo vriendelijk om boek
Altijd werk & altijd geld op zak, iedere dag

bij je bekenden aan te raden
& te delen op Facebook

Super bedankt.

Succes met je werk, geluk en fortuin

Met vriendelijke groeten,

Jasmin Hajro

Hajro
Ottawastraat 19
7007 BC
 Doetinchem,
the Netherlands
KvK : 65686306

www.hajrobv.nl
amazon.com/author/jasminhajro